BEI GRIN MACHT SICH IHR WISSEN BEZAHLT

- Wir veröffentlichen Ihre Hausarbeit,
  Bachelor- und Masterarbeit

- Ihr eigenes eBook und Buch -
  weltweit in allen wichtigen Shops

- Verdienen Sie an jedem Verkauf

Jetzt bei www.GRIN.com hochladen und kostenlos publizieren

Bibliografische Information der Deutschen Nationalbibliothek:

Die Deutsche Bibliothek verzeichnet diese Publikation in der Deutschen National-bibliografie; detaillierte bibliografische Daten sind im Internet über http://dnb.d-nb.de/ abrufbar.

Impressum:

Copyright © 2018 GRIN Verlag
Druck und Bindung: Books on Demand GmbH, Norderstedt Germany
ISBN: 9783346087836

Dieses Buch bei GRIN:

https://www.grin.com/document/510237

Sabrina Hämmerlein

Trainingslehre. Beweglichkeitstestung und Trainingsplanung

GRIN Verlag

GRIN - Your knowledge has value

Der GRIN Verlag publiziert seit 1998 wissenschaftliche Arbeiten von Studenten, Hochschullehrern und anderen Akademikern als eBook und gedrucktes Buch. Die Verlagswebsite www.grin.com ist die ideale Plattform zur Veröffentlichung von Hausarbeiten, Abschlussarbeiten, wissenschaftlichen Aufsätzen, Dissertationen und Fachbüchern.

Besuchen Sie uns im Internet:

http://www.grin.com/

http://www.facebook.com/grincom

http://www.twitter.com/grin_com

Deutsche Hochschule für
Prävention und Gesundheitsmanagement

Einsendeaufgabe

Fachmodul: Trainingslehre 3

Studiengang: Sportökonomie

Datum
Präsenzphase:

Matrikelnummer:

Name, Vorname: Hämmerlein, Sabrina

Studienort: **Stuttgart**

Semester: **WS 16**

Inhaltsverzeichnis

1   PERSONENDATEN 3

2   BEWEGLICHKEITSTESTUNG 4

3   TRAININGSPLANUNG BEWEGLICHKEITSTRAINING 7

4   TRAININGSPLANUNG KOORDINATIONSTRAINING 11

5   LITERATURRECHERCHE... 15

6   LITERATURVERZEICHNIS 18

7   TABELLENVERZEICHNIS 19

1 Personendaten

Tab. 1:Personendaten

Daten	Erfasste Daten	Bewertung
Alter	31 Jahre	
Geschlecht	Weiblich	
Körpergröße	168 cm	
Körpergewicht	65 kg	
Beruf	Bürokraft	
Trainingsmotive	LWS Verspannungen; Ausgleich zu viel sitzender Tätigkeit;	
Aktuelle sportliche Aktivitäten	2x Woche 45 Min. Krafttraining	
Frühere sportliche Aktivitäten	Geräteturnen 2x pro Woche bis sie 20 Jahre war Wettkampforientiert auf Landesebene.	
Zeitlicher Verfügungsrahmen	3x pro Woche 1 h	
Orthopädische und internistische Probleme	LWS und HWS Verspannungen; Außenmeniskus Riss vor 3 Jahren rechts, dadurch leichte Instabilität im Knie.	Gute Trainierbarkeit, da die Verletzung bereits länger her ist und keine Einschränkungen mehr vorliegen. Zusätzlich durch sportliche Vorerfahrung mittlere - hohe Belastbarkeit, unter Berücksichtigung der LWS/HWS Beschwerden und der Knie Instabilität.
Ärztliche Behandlung/ Medikamenten Einnahme	Konservative Behandlung des Knies. Aktuell keine Behandlungen.	

3

2   Beweglichkeitstestung

In der folgenden Darstellung wird eine Beweglichkeitstestung nach Janda (2000) durchgeführt. Durch die Testung sollen Muskelschwächen und Beweglichkeitsdefizite dargestellt werden.

Folgende Muskelgruppen sollen getestet werden:

- M. pectoralis major
- M.illiopsoas
- M. rectus femoris
- Mm. Ischiocrurales
- Mm. Triceps surae
-

Tab. 2:Beweglichkeitstestung

Te-stübung	Testdurchführung	Normwerte	Tester-gebnis	Bewertung
M.pecto-ralis ma-jor	Die Testperson legt sich auf der Be-handlungsliege auf den Rücken. Die Beine werden angewinkelt und die Füße auf der Liege abgestellt. Der Tester fixiert leicht den Oberkörper mit der Hand. Der zu testende Arm führt eine Außenrotation durch und eine Abduktion im Schultergelenk. Im Ellenbogen wird der Arm 90° An-gewinkelt. Lendenwirbelsäule und Becken müssen fixiert bleiben. Die Position des Oberarms zur Horizon-talen dient als Messbereich.	Stufe 0: Oberarm er-reicht Hori-zontale. Stufe 1: Oberarm er-reicht Hori-zontale durch Druck des Testers. Stufe 2: Oberarm er-reicht Hori-zontale auch durch Druck des Testers nicht.	Rechts: 0 Links: 0	Es liegen keine Beweglich-keitsdefizite vor.
M.illiop-soas	Die Testperson legt sich auf der Liege auf den Rücken. Das Gesäß sollte am Rand der Liege liegen. Ein Bein wird maximal an den Körper herangezogen, das andere Bein hängt frei die Liege herunter. Der Tester beobachtet, ob der Ober-schenkel die Horizontale erreicht.	Stufe 0: Oberschen-kel erreicht Horizontale. Stufe 1: Oberschen-kel erreicht Horizontale durch Druck des Testers. Stufe 2: Oberschen-kel erreicht Horizontale auch durch Druck des Testers nicht.	Rechts: 1 Links: 1	Im Bereich der Hüftbeuge-muskulatur erreicht die Testperson auf Beiden Seiten Stufe 1. Dies be-deutet, dass leichte Be-weglichkeitsdefizite vorlie-gen. Diese können durch die sitzende Tätigkeit auf-treten, da sie länger in der Hüftbeugung sitzt.

5

M.rectus femoris	Die Testperson legt sich in Rückenlage mit dem Gesäß am Ende der Liege hin. Sie zieht ein Bein angewinkelt maximal weit zum Körper heran. Das andere Bein wird durch den Tester in der Hüftextension fixiert und in den Maximal Möglichen Winkel der Kniebeugung geführt. Der Kniebeugewinkel dient als Messbereich. Becken und Lendenwirbelsäule müssen während der Testung fixiert bleiben.	Stufe 0: Unterschenkel hängt senkrecht herab. Stufe 1: Unterschenkel erreicht 90° im Kniegelenk durch Druck des Testers. Stufe 2: Unterschenkel erreicht 90° im Kniegelenk auch durch Druck des Testers nicht.	Rechts: 1 Links: 0	Die Testperson weißt links kein Bewegungsdefizit auf. Rechts jedoch ein leichtes, welches eventuell auf den Meniskus Riss zurück zuführen ist, und mit einer geringeren Beweglichkeit durch nicht optimale Behandlung nach der Verletzung einhergehen kann.
Mm. ischiocrurales	Die Testperson nimmt eine Rückenlage auf der Behandlungsliege ein und stellt das nicht zu testende Bein gebeugt auf der Liege ab. Der Tester greift das andere Bein gestreckt und führt es in die Maximal Mögliche Hüftbeugung. Als Messbereich gilt der Hüftbeugewinkel. Becken und Lendenwirbel müssen während der Testung fixiert bleiben.	Stufe 0: Hüftflexion im Ausmaß von 90° möglich. Stufe 1: Hüftflexion im Ausmaß zwischen 80-90° möglich. Stufe 1: Hüftflexion nur unter 80° Möglich.	Rechts: 1 Links: 1	Die Testperson erreicht Beidseitig die Stufe 1 und hat somit eine leichte Bewegungseinschränkung. Dies könnte die Ursache der Lendenwirbelverspannungen darstellen.

Mm. Triceps surae	Die Testperson legt sich auf dem Rücken auf die Liege. Das nicht zu testende Bein wird angewinkelt darauf abgestellt, das Testbein ist gestreckt. Der distale Teil des Unterschenkel hängt über die Liege hinaus, wo es von dem Tester gegriffen wird. Die andere Hand greift den Fuß und der Tester zieht an der Ferse. Mit dem Daumen der anderen Hand wird der Fuß zum Schienbein leicht angedrückt.	Stufe 0: Dorsalextension bis 0° Möglich. Stufe 1: Dorsalextension möglich, jedoch keine Erreichung von 0°. Stufe 2: Dorsalextension nur bis 10° unter 0°-Stellung möglich.	Rechts: 0 Links: 0	Am Mm. Triceps surae liegt keine Beweglichkeitseinschränkung vor, da auf beiden Seiten die Stufe 0 erreicht wurde. Dies weißt darauf hin, dass durch das Krafttraining ein günstiger Zustand der Wadenmuskulatur vorliegt.

3 Trainingsplanung Beweglichkeitstraining

Für die Kundin wird nachfolgend ein Trainingsplan im Sinne eines Dehntrainings zusammengestellt. Dieser beinhaltet 10 Dehnübungen. Zunächst werden die Dehnübungen mit ihrer Ausführung erläutert. Durch das Testergebnis wird ein Schwerpunkt auf die unteren Extremitäten gelegt.

1.M. Gastrocnemius und M. soleus:

Um die Wadenmuskulatur zu dehnen stellt sich die Testperson in Schrittstellung auf. Das Bein, das gedehnt werden soll, steht gestreckt hinten und die Fußsohle berührt komplett den Boden. Das andere Bein steht angewinkelt vorne, die Fußsohle steht ebenfalls flächig auf dem Boden. Die Fußspitzen zeigen beide gerade nach vorne. Der Oberkörper wird so nach vorne gebeugt, dass das hintere Bein und Oberkörper eine Linie bilden. Diese Position wird statisch gehalten. Durch die Beugung im vorderen Bein wird der Schwerpunkt nach vorne verlagert und die Wadenmuskulatur passiv gedehnt.

2.Dehnung des M.biceps femoris, M.semimembranosus und M.semitendinosus:

Die Oberschenkelrückseite sollte gedehnt werden, da die Testperson im Beweglichkeitstest die Stufe 1 erreicht hat.

Hierzu legt sich die Person in Rückenlage auf die Gymnastikmatte. Ein Bein wird angewinkelt und mit der Fußsohle wird der Fuß abgestellt. Der Fuß zeigt nach vorne. Das zu dehnende Bein wird durch den Trainer gegriffen und auf seiner Schulter abgelegt. Danach an die Maximale Dehngrenze in der Streckung gebracht. Diese Dehnmethode wird Post-isometrisch durchgeführt. In der Dehngrenze drückt die Testperson max. 10 Sekunden mit dem zu dehnenden Bein gegen den Trainer. Danach wird die zu dehnende Muskulatur 2-3 Sekunden entspannt und die Dehnposition dann für 10-20 Sekunden eingenommen. Dies wird dann über ca. 60 Sekunden wiederholt.

3.Dehnung M.rectus femoris:

Die Kniegelenksextensoren sollten bei der Testperson gezielt gedehnt werden, da rechts ein leichtes Beweglichkeitsdefizit in der Testung aufgetreten ist. Zudem hatte die Testperson eine Verletzung am rechten Außenmeniskus.

Die Testperson legt sich seitlich auf eine Sportmatte. Das untere Bein wird im 90° Winkel in der Hüfte sowie im Kniegelenk nach vorne hin angewinkelt. Das obere Bein wird dann in gestreckter Position im Hüftgelenk und maximal gebeugter Position im Kniegelenk in Richtung Gesäß mit einer Hand hingezogen. Der untere Arm befindet sich gestreckt nach oben unter dem Kopf. Die Dehnung findet aktiv- passiv statt indem das obere Bein passiv durch Zug am Unterschenkel fixiert wird und das untere Bein die aktive Hüftextension durchführt. Durch das Anwinkeln des unteren Beines wird das Becken gut fixiert. Die Position wird statisch gehalten.

4.Dehnung illiopsoas und rectus femoris:

Die Testperson hat eine leichte Beweglichkeitseinschränkung im Bereich des illiopsoas, welche durch Sitzende Tätigkeit ausgelöst wird. Um diese zu dehnen begibt sich die Person in den Kniestand. Ein Bein wird vorne so aufgestellt, dass das Bein rechtwinklig gebeugt ist und der Fuß flach aufliegt und nach vorne zeigt. Das hintere Bein liegt mit dem Unterschenkel auf dem Boden, der Oberkörper bleibt während der gesamten Dehnung aufrecht. Die Übung wird dynamisch durchgeführt, sodass der Körperschwerpunkt nach vorne und hinten abwechselnd bewegt wird. Die Dehnung wird nahezu maximal ausgeübt. Die Dehnung findet Passiv statt.

5.M. erector spinae:

Durch viel sitzende Tätigkeit sollte auch die Rückenstreckmuskulatur nicht vernachlässigt werden. Um diese zu Dehnen nimmt die Kundin im Vierfüßlerstand die Position auf dem Boden ein. Die Muskulatur wird aktiv gedehnt indem die Testperson einen Katzenbuckel macht, also die Bauchmuskulatur anspannt und die Wirbelsäule dann nach Oben in die Wölbung drückt. Der Blick geht nach unten. Dann findet im Wechsel die Bewegung nach oben in die Wölbung und anschließend die leichte Entspannung der Bauchmuskulatur statt, um die Muskulatur dynamisch zu dehnen.

6.M. pectoralis major:

Auch wenn durch den Test eine gute Beweglichkeit der Brustmuskulatur festgestellt wurde, sollte präventiv die Brustmuskulatur trainiert werden. Die Person nimmt hierzu im Ausfallschritt seitlich zur Wand die Ausgangsposition ein. Der Arm der Seite, die trainiert werden soll, wird angewinkelt im 90° Winkel mit dem Arm nach oben an die Wand angelegt. Der Freie Arm wird hinten auf der Hüfte abgelegt. Blick ist nach vorne gerichtet. Durch das Wegdrehen von der Wand wird der Muskel Passiv gedehnt. Die Position wird statisch gehalten.

7.M. trapezius pars descendens:

Aufgrund der HWS Verspannungen ist es wichtig die Nackenmuskulatur zu dehnen. Hierfür stellt sich die Person ungefähr hüftbreit und aufrecht auf den Boden. Mit Blickrichtung nach vorne wird der Kopf zur Seite geneigt. Sie Schulter, die gegenüber zur Kopfbeugung liegt wird durch den unteren Teil des Trapezmuskels aktiv nach unten gezogen. Diese Position hält die Person dann statisch.

8.M.obliquus externus abdominis und M. obliquus internus abdominis:

Die Person legt sich in Rückenlage auf den Boden. Dann werden die Beine angewinkelt und die Arme gestreckt im 90° Winkel vom Körper abgelegt. Während der Schultergürtel auf dem Boden liegt, werden die Beine angewinkelt zur Seite hin abgelegt. Diese Position wird dann statisch gehalten. Die Dehnung findet deshalb Passiv statt.

9.M. glutaeus maximus, M. Glutaeus minimus, M.glutaeus medius:

Die Trainingsperson nimmt in Rückenlage die Ausgangsposition ein. Ein Bein wird auf der Matte angewinkelt abgestellt. Das Bein an der zu dehnenden Seite wird mit dem Unterschenkel auf dem abgestellten Bein abgelegt. Das Bein ist in der Hüfte nach außen rotiert. Die Person greift das untere Bein am Oberschenkel und zieht es langsam zum Körper hin in die maximale Dehnung. Dort hält sie die Dehnung einige Sekunden, geht dann leicht aus der Position heraus um dann wieder in die Dehnung zu gehen. Somit wird die Übung dynamisch durchgeführt. Durch den Zug der Arme wird die Übung passiv vorgenommen.

10.M.deltoideus pars spinata, M.trapezius pars transversa, Mm.rhomboidei

Aufgrund der Nackenverspannungen und Sitzenden Tätigkeit sollte die hintere Schulterblattmuskulatur gedehnt werden. Die Person nimmt hierzu die Standposition ein. Dann wird ein Arm im Ellenboden gebeugt und an der Schulter der gegenüberliegenden Seite abgelegt und mit der anderen Hand vor dem Brustkorb fixiert. Die Hand zieht hierbei den Arm zum Körper hin. Die Position wird passiv statisch gehalten.

Nachfolgend wird das Belastungsgefüge des Dehntrainings dargestellt.

Tab. 3:Belastungsgefüge

Trainingshäufigkeit pro Woche	Sätze pro Übung	Dehndauer	Intensität
3 mal pro Woche	3 Sätze pro Übung	Statisch: 45 Sekunden. Dynamisch: 15 Wiederholungen Postisometrisch: Dehnung über 60 sek.	Hohe Dehnintensität an der Schmerzgrenze. Im Bereich der HWS sollte die Dehnintensität mittel - gering sein, um keine Strukturen zu reizen. Also eher weiches Dehnen.

Begründung des Beweglichkeitstrainings:

Im Beweglichkeitstest hat sich herausgestellt, dass die Kundin gut abgeschnitten hat. Leichte Beweglichkeitsdefizite fanden sich lediglich in der ischiocruralen Muskulatur sowie im M.illiopsoas und im M. rectus femoris rechts. Dementsprechend wurde das Dehntraining so zusammengestellt, dass insbesondere diese Muskelgruppen gedehnt werden. Aufgrund der Nackenverspannungen und sitzenden Tätigkeit wurde hier auch der Schulter-Nackenbereich nicht vernachlässigt. Die Dehnintensität ist an den einzelnen Bereichen einheitlich bis zur maximalen Dehngrenze gehalten, ausgenommen der Halswirbelsäule, da hier empfindliche Strukturen verlaufen und dabei nicht maximal gedehnt werden sollte. Durch lange und einseitige Haltung am Schreibtisch, wie ein Rundrücken oder ein hervor geneigter Kopf wurden die Oberen Extremitäten mit gedehnt. Auch durch die sitzende Position und daraus folgenden längerfristigem Winkel in der Hüfte muss die Hüftbeugemuskulatur gedehnt werden. LWS Verspannungen sowie eine Knie Verletzung in der Vergangenheit stellen zusätzlich die Wichtigkeit dar, die Rückenstreckmuskulatur sowie die Beinbeuge- und Streckmuskulatur zu dehnen.

Durch den Mix der einzelnen Dehnformen wird ein vielseitiges Training bewirkt.

Da die Kundin angibt 3 mal pro Woche ein Dehntraining durchführen zu können wird das Training dreimal wöchentlich durchgeführt. Zusätzlich reichen 2-3 mal wöchentliches Training aus, um Bewegungsfortschritte zu erkennen (Rancour, Holmes & Ciprani, 2009). Das Belastungsgefüge wird in diesem Maße durchgeführt, da für einen

Gesundheitssportler diese Belastungen ausreichen um eine Verbesserung zu erkennen (Schönthaler & Ohlendorf, 2002).

Da die Person noch kein spezielles Dehntraining durchgeführt hat wurden mehr passive Dehnformen vorgenommen, da diese einfacher auszuführen sind. Dies gilt auch für das statische Dehnen. Aber auch aktives dehnen ist wichtig, da durch die antagonistische Anspannung gleichzeitig eine Kräftigung stattfindet.

4 Trainingsplanung Koordinationstraining

Neben dem Beweglichkeitstraining sollte das Koordinative Training nicht vernachlässigt werden, deshalb wird nachfolgend ein Koordinationstraining über 10 Übungen zusammengestellt und erläutert.

1.Beidbeiniger Stand
Die Kundin stellt sich mit den Beinen hinter einander auf den Boden. Die Fußspitzen zeigen nach vorne. Blickrichtung ist ebenfalls nach vorne gerichtet. Die Arme werden langsam angehoben und nach vorne ausgestreckt, sodass sie auf Schulterhöhe positioniert sind, die Handflächen zeigen nach oben. Die Kundin schließt jetzt langsam die Augen und hält diese Position.

2.Einbeinstand mit Schwingen des Spielbeins und gegenläufigem Schwingen der Arme
Die Person stellt sich mit beiden Beinen auf den Boden, hebt dann ein Bein an und die Arme werden nach oben gehoben. Das Bein schwingt von hinten nach vorne und die Arme gegenläufig von oben nach unten. Der Oberkörper sollte stabil bleiben.

3.Einbeinstand mit Partner und Impulsgebung
Die Partner stellen sich mit Blick aufeinander auf ein Bein. Jeweils das Bein der gleichen Seite wird nach vorne angehoben und ausgestreckt. Die Füße der beiden Partner berühren sich. Das ausgestreckte, schwebende Bein gibt dann jeweils einen Impuls an den Fuß des Partners. Das Gleichgewicht sollte über den gesamten Zeitraum gehalten werden. Hüfte und Oberkörper sollten stabil in einer Linie bleiben.

4.Einbeinstand mit Fangen eines Balles.
Die Trainierende stellt sich auf ein Bein. Der Partner hält einen kleinen Ball, zum Beispiel einen Tennisball, und wirft ihn der Person zu. Um die Anforderungen zu erschweren ruft der Trainingspartner kurz bevor er den Ball wirft die Seite, mit dem die Person den Ball fangen und wieder zurückwerfen soll. So wird zusätzlich die Reaktionsfähigkeit trainiert.

5.Einbeinstand mit Verlagerung in die Standwaage

Die Person steht auf dem Boden. Ein Bein wird dann langsam nach hinten angehoben, der Oberkörper verlagert sich so nach vorne, dass Bein und Oberkörper in der Horizontalen eine Linie bilden. Die Arme können zur Seite gestreckt werden. Die Position wird dynamisch von der Ausgangsposition in die Endposition durchgeführt. Diese propriozeptive Übung stellt hohe Anforderungen an das Gleichgewicht.

6.Kniebeuge auf einem Balance Pad

Die Kundin stellt sich mit beiden Beinen Hüftbreit auf das Pad. Dann geht sie so in die Kniebeuge, dass die Knie nicht über die Fußspitze hinausragen und der Fuß Komplett abgelegt ist. Der Oberkörper neigt sich leicht nach vorne wobei die Arme nach vorne ausgestreckt werden. Diese Position wird dann statisch gehalten.

7.Abduktion der Beine auf Balance Pad

Die Person stellt sich Mittig auf das Balance Pad mit einem Bein. Das Spielbein wird gestreckt vom anderen Bein abgestreckt und wieder herangezogen. Die Arme können abgespreizt werden. Hüfte sollte stabil in einer Linie mit dem Körper bleiben damit keine Ausweichbewegungen gemacht werden. Ziel ist es in 45 sekunden so oft es geht das Bein sauber abzuspreizen, ohne das Gewicht auf beiden Beine zu verlagern oder aus der stabilen Position stark auszuweichen.

8.Sprung mit beiden Beinen auf das Balance Pad:

Die Kundin stellt sich vor das Balance Pad mit beiden Beinen. Dann springt sie in die Kniebeuge auf das Pad. Dabei ist wichtig, dass die Beine Gleichzeitig auf das Pad kommen und eine leichte Hockposition eingenommen wird. Fußsohlen sollten auf dem Pad bleiben und die Knie nicht über die Fußspitze hinaus geschoben werden. Die Person hält diese Position für 5 sek. und springt dann wieder zurück.

9.Einbeinstand auf Therapiekreisel

Um komplexere Übungen durchführen zu können muss zunächst die Stabilisierung auf dem Therapiekreisel geübt werden. Hierzu stellt sich die Person auf einem Bein auf den Kreisel, die Arme werden seitlich vom Körper gestreckt um das halten des Gleichgewichts zu unterstützen.

10.Einbeinstand auf dem Therapiekreisel mit Störung des Gleichgewichts

Als nächstes wird ein propriozeptives Training im Einbeinstand auf dem Therapiekreisel durchgeführt. Hierbei bekommt die Person ein Theraband um das Knie gelegt und dann stellt sich die Person zunächst mit einem Bein auf den Kreisel und hebt das andere Bein an. Der Trainingspartner übt leichten Zug nach vorne über das Band aus um das Gleichgewicht zu stören. Bei dieser Übung soll vor allem das Standbein zusätzlich zum Gleichgewichtstraining stabilisiert werden.

Belastungsgefüge:

Nachfolgend wird das Belastungsgefüge für das Koordinationstraining dargestellt.

Tab. 4:Belastungsgefüge

Trainingshäufigkeit	Sätze pro Übung	Satzpausen	Belastungsdauer
2 mal wöchentlich	3 Sätze pro Übung	20 Sekunden	Statische Übungen: 45 sek.. (Übung 1,3,6,9,10) Dynamische Übungen: 20 Wiederholungen ΄(Übung 2,4,5,7,8)

Begründung des Koordinationstraining:

Das Koordinationstraining wird angewendet um Haltungs- und Bewegungsabläufe zu optimieren sowie Alltagsbewegungen zu sichern und insbesondere das Knie zu stabilisieren. Durch die Ökonomisierung von Bewegungsabläufen soll auch das Krafttraining verbessert werden. Das Trainingsprogramm ist so aufgebaut, dass einfache Übungen zuerst durchgeführt werden und sich der Schwierigkeitsgrad dann steigert. Die Trainierende hat bereits sportliche Erfahrung durch das Krafttraining sowie das Turnen früher. Allerdings hat sie lange keine Koordinativ anspruchsvollen Übungen durchgeführt bzw. ein Koordinationstraining gemacht. Deshalb wurden auch noch nicht allzu komplexe bzw. schwierige Übungen ausgewählt.

Durch Variationen mit hinzunahmen von Hilfsmitteln wird das Training vielseitig gestaltet und die Anforderungen erhöht. Der Wechsel zwischen statischen und Dynamischen Übungen wird das Training vielseitiger. Im Hinblick auf Knie Stabilisation werden Übungen wie der Einbeinstand auf dem Therapieball hinzugenommen.

Im Hinblick auf das Belastungsgefüge wird ein Training 2 mal pro Woche empfohlen, welches auch Parallel mit dem Beweglichkeitstraining oder Krafttraining kombiniert werden kann.

Nach Neumaier und Mechling (1994) ist es wichtig verschiedene motorisch-koordinative Druckbedingungen in das Trainingsprogramm zu integrieren. Hierzu wird zum Beispiel bei Übung 4 durch Organisationsdruck oder beim Zeitdruck in Übung 7 der Fall ist. Durch das Propriozeptive Training im Rahmen des Koordinationstrainingsplan umfasst die Gleichgewichtsfähigkeit aber auch die Anpassungs- und Reaktionsfähigkeit verbessert werden (Häfelinger, Schuba & Häfelinger-Schuba, 2007, S.21).

5 Literaturrecherche

Nachfolgend werden zwei Studien zum Thema „Effekte des Dehnens im Hinblick auf eine Verbesserung der sportlichen Leistungsfähigkeit" vorgestellt.

Tab. 5: Muskeldehnung zur Leistungsverbesserung im Sprint

Muskeldehnung zur Leistungsverbesserung im Sprint	
Wer hat die Studie durchgeführt?	Klaus Wiemann und Andreas Klee
Publikationsjahr	1991
Versuchspersonen	92 männliche Studierende im Fach Sport der Universität Wuppertal
Versuchsaufbau	Zunächst wurde ein Vortest gemacht: 1. Aufwärmen ohne dehnen ca. 15 Minuten). 2. Zwei Kurzsprints (40 Meter) im Abstand von 5 min. Infrarot Doppellichtschranken wurden an 5m und 40m installiert um die Zeit zu messen. Danach die Dehnung: Gruppe 1: 15 min. Dehnung der Hüftbeugemuskulatur. Gruppe 2: 15 min. Hüftstreckmuskulatur. Kontrollgruppe: 15 min. leichtes Dauerlaufen. Nachtest: Zwei Kurzsprints unter gleichen Bedingungen wie im Vortest.
Ergebnisse und Schlussfolgerungen	Vergleich 1.Vortest zu 2.Nachtest: In allen drei Gruppen gab es eine Signifikante Vergrößerung der Sprintzeiten. Vergleich 2. Vortestlauf zu 1. Nachtestlauf: Vergrößerung der Sprintzeit bei Gruppe 1 und 2. In der Kontrollgruppe gab es keine Veränderung. 1.zu 2. Nachtest Lauf: Verbesserung der Sprintzeiten in den beiden Dehngruppen. Zusammenfassung: Es gab keine Verbesserung der Zeit nach dem Dehnen, die Sprintleistung wurde in allen drei Gruppen kleiner und veränderte sich in Gruppe 1 und 2 gleichermaßen. Im Nachtest verbessern sich die Sprintleistungen beim zweiten durchlauf in den Dehngruppen, jedoch gibt es keine Signifikante Verbesserung bei der Kontrollgruppe. Die Leistung verbessert sich also nicht nach der Dehnung der Muskulatur.

Tab. 6: Vertical jump performance after passive static stretching of knee flexors muscles.

Vertical jump performance after passive static stretching of knee flexors muscles.	
Wer hat die Studie durchgeführt?	Leonardo Mendes Leal de Souza, Gabriel Andrade Paz, Isabella Luiza Eloi, Rodrigo Dias, Marianna de Freitas Maia, Humberto Miranda, Vicente Pinheiro Lima.
Publikationsjahr	2016
Versuchspersonen	Zehn Männer und Zehn Frauen mit Krafttrainingserfahrung.
Versuchsaufbau	Es wurden zwei Durchgänge durchgeführt. Zunächst wurde die vertikale Sprunghöhe ohne Dehnvorbereitung aufgenommen. Danach wurde ein passiv statisches Dehnprogramm der Oberschenkelrückseite durchgeführt und danach die Sprunghöhe unter gleichen Bedingungen gemessen.
Ergebnisse und Schlussfolgerungen	Sprünge mit Dehnprogramm bei den Frauen: Eine signifikante Veränderung der Sprunghöhe wurde zwischen den beiden Durchgängen festgestellt. Vom Sprung ohne Vordehnen wurde die Sprunghöhe mit vordehnen erhöht. Männer: Eine Signifikante Veränderung wurde auch bei den Herren festgestellt. Auch hier war die Sprunghöhe nach dem Vordehnen höher. Daraus geht hervor, dass ein Vordehnen der Oberschenkelrückseite eine Verbesserung der Sprunghöhe bei Männern und Frauen mit Krafttrainingserfahrung bewirkt.

6 Literaturverzeichnis

De Freitas Maia, M., De Souza L. M. L., Dias R., Eloi, I. L., Miranda, H., Paz, G. A. et al. (2016). *Vertical jump performance after passive static stretching of knee flexors muscles.* Zugriff am 23.12.2018. Verfügbar unter https://www.sciencedirect.com/science/article/pii/S1886658116300147

Häfelinger, U., Schuba, V. & Häfelinger-Schuba. (2007), *Koordinationstherapie – propriozeptives Training* (Wo Sport Spaß macht, 3.,überarb. Aufl.). Aachen: Meyer & Meyer.

Janda V. (2000). *Manuelle Muskelfunktionsdiagnostik* (4.Aufl.). München: Urban & Fischer.

Klee, A., Wiemann, K. (1991). *Muskeldehnung zur Leistungsverbesserung im Sprint.* Zugriff am 23.12.2018. Verfügbar unter http://www.biowiss-sport.de/wp-content/uploads/2015/02/despri.pdf

Neumaier, A. & Mechling, H. (1994). Taugt das Konzept „koordinativer Fähigkeiten" als Grundlage für Sportartspezifisches Koordinationstraining? In P. Blaser, K. Witte & C. Stucke (Hrsg.), *Steuer- und Regelvorgänge der menschlichen Motorik* (S.93-105). Sankt Augustin: Academia.

Rancour, J., Holmes, C.F. & Ciprani, D.J. (2009). The effects of intermittent stretching following a 4-week static stretching protocol: a randomized trial. *Journal of strength and conditioning research / National Strength & Conditioning Association,* 23 (8), 2217-2222.

Schönthaler, S. R. & Ohlendorf, K. (2002*). Biomechanische und neurophysiologische Veränderungen nach ein- und mehrfach seriellem passiv- statischem Beweglichkeitstraining* (Wissenschaftliche Berichte und Materialien / Bundesinstitut für Sportwissenschaft, 1. Aufl.). Köln: Sport und Buch Strauß.

7 Tabellenverzeichnis

Tab. 1:Personendaten 3

Tab. 2:Beweglichkeitstestung 4

Tab. 3:Belastungsgefüge 10

Tab. 4:Belastungsgefüge 13

Tab. 5: „Muskeldehnung zur Leistungsverbesserung im Sprint" 16

Tab. 6: Vertical jump performance after passive static stretching of knee flexors

muscles. 17

BEI GRIN MACHT SICH IHR WISSEN BEZAHLT

- Wir veröffentlichen Ihre Hausarbeit,
  Bachelor- und Masterarbeit

- Ihr eigenes eBook und Buch -
  weltweit in allen wichtigen Shops

- Verdienen Sie an jedem Verkauf

Jetzt bei www.GRIN.com hochladen und kostenlos publizieren